سلاح أبي السرّي

هذه القصّة مهداة إلى:
أمي و أبي سبب وجودي في هذا العالم
زوجتي الحبيبة التي طالما دعمتني
أبنائي صخر و زينة مصدر إلهامي و سعادتي في هذه الحياة

قصّة: عمرو أبو حميدان
رسومات: ليندا العلي
تدقيق: بلال الخوالدة

مرحباً
أنا إسمي صخر... أنا ولدُ في الرابعة
من عمري... في بعض الأحيان أكون
سعيداً و أحياناً أكون حزيناً... لكن
هذا ليس ماأريد أن أخبركم عنه...

فكلّنا يمرُّ بأيّام جميلة و
أخرى ممم... متعَبة... لكنّ ما
يهم كيف نتصرّف حيالها...

و هنا تبدأ قصّتي ...
في يوم من الأيّام كنت
ألعب سعيداً عندما لاحظت
أن أمّي تبدي اهتماماً لأختي
الصغيرة أكثر منّي... انتابني
شعورٌ سيّء... أردت أن أصلحه

فهجمت و ضربت أختي..

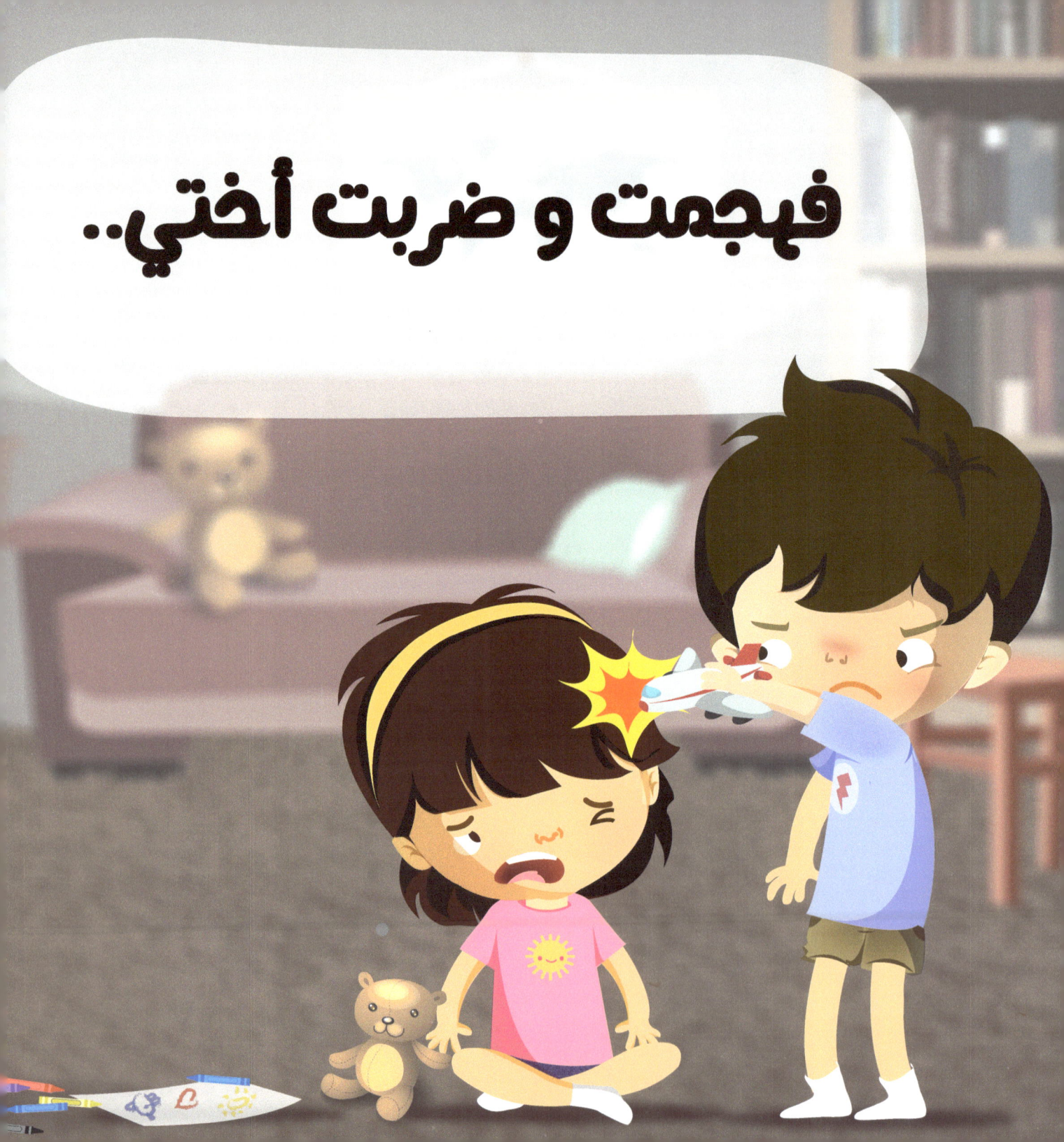

أمّي أولتني
اهتمامها الآن .

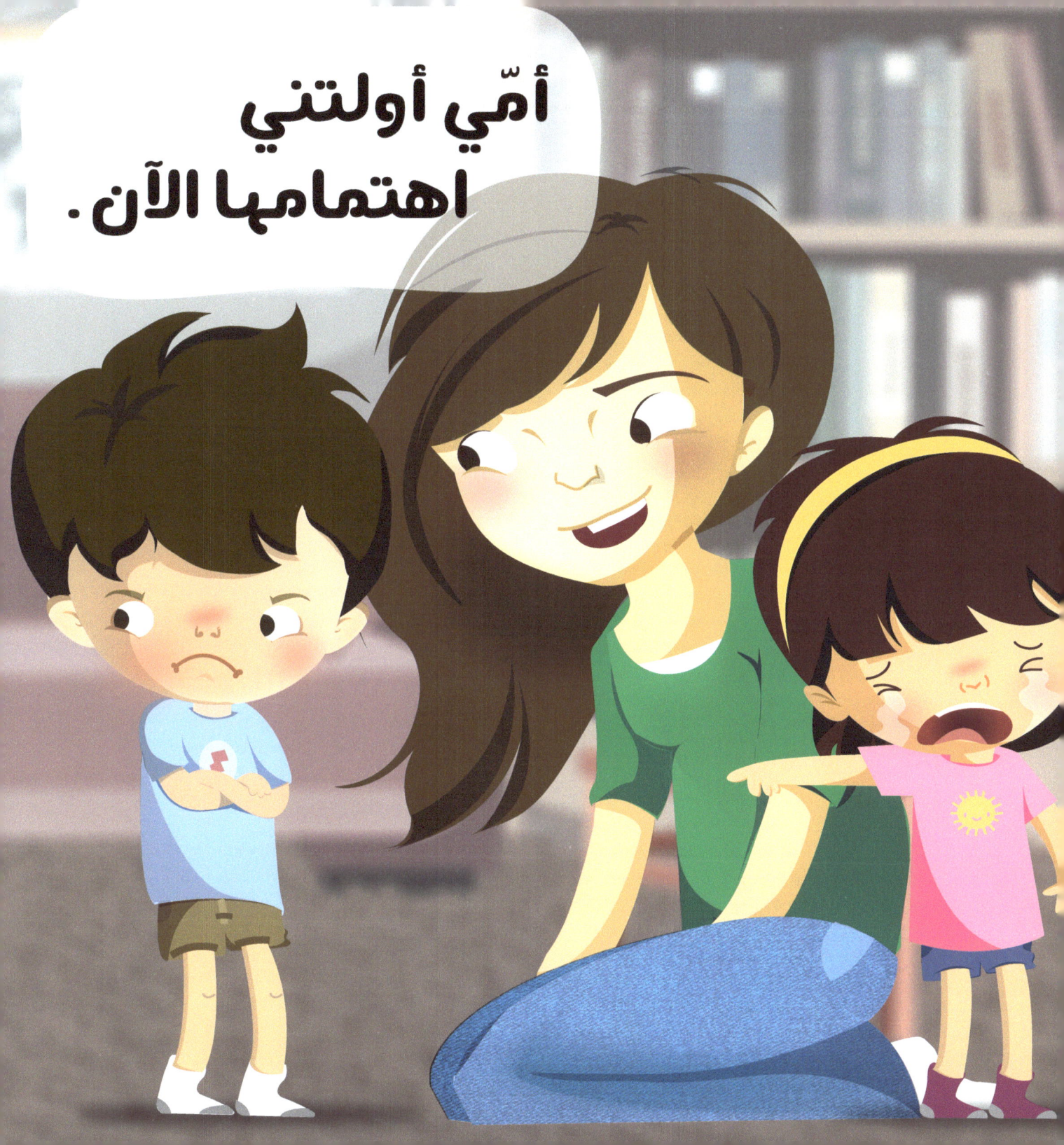

إلّا أنّ شعوري السيّء لم يتحسّن؛ ركضت إلى بابا لأخبره ...
فهو دائماً لديه حل .

سمع بابا قصّتي و ابتسم؛ ثم قال:
كلّنا تخطر له مشاعر و أفكار سلبيّه...
لكن السر يكمن في كيفيّة تعاملنا
مع هذا الشعور... أنا أغار من إخوتي
أحياناً، و أحياناً اشعر بالإحباط
حينما لا أحصل على النتيجة
المرجوّة في العمل...
و كذلك ماما؛ و كل من ترى
من حولك .

لكن أنا لديّ سِلاحٌ سريٌّ
أنا أسمّي هذا السلاح منجنيق بَابا السحري لقذف الأفكار
السيّئة... المنجنيق يا صخر هو سلاحٌ كان البشر يستخدمونه
في قديم الزمان لقذف الصخور الثقيلة مسافاتٍ
بعيدة... و كان يُستخدم في الحرب

لكن أنا منجنيقي سحري خيالي
وهكذا استعمله :

كلّما أحسست بمشاعر أو أفكار
مزعجة، أغمضت عينيّ، أخذت نفساً
عميقاً و وضعت إصبعي على رأسي
هكذا. تخيّلت صعقةً كهربائيةً
تنطلق من إصبعي داخل رأسي؛
لتنبّه من يشغّلون المنجنيق
السحريّ في رأسي .

فيضعوا ملصقاً على تلك المشاعر (غيرة ، خيبة أمل، حزن على سبيل المثال) ثم يضعونها في المنجنيق و يقذفونها بعيداً عندها أفتح عينيّ لأشاهدها تتلاشى بعيداً هناك في الأفق

فرحت بهذا الاكتشاف الجديد... و بدأت أستخدم
سلاحي السريّ في كل مرّةٍ أشعر بالسوء ...
في البداية لم يكن السلاح سهل التخيّل ...
و لم يكن سهلاً تمييز تلك المشاعر ...
و لكن في كلّ مرّةٍ استخدمته أصبح الأمر
أسهل، وقذفت تلك الأفكار أبعد من قبل

اليوم هناك الكثيرُ من أصدقائي الذين سمعوا هذه الفكرة... و اليوم كلٍّ لديه سلاحه السحريّ. سليمان لديه المدفع السحريّ

ولولو لديها
قوسها السحري

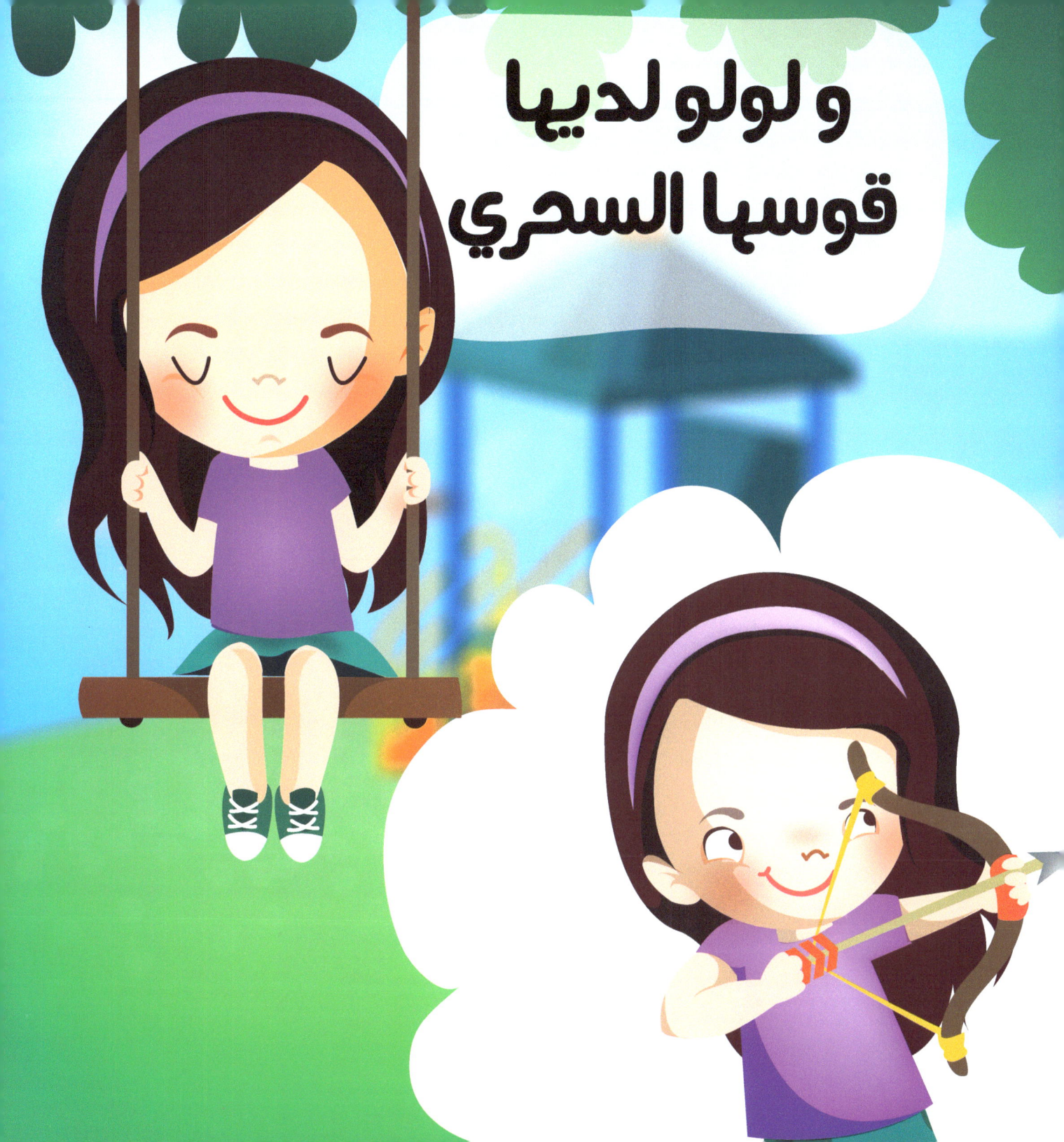

وأنت؟

ما هو سلاحك السري؟

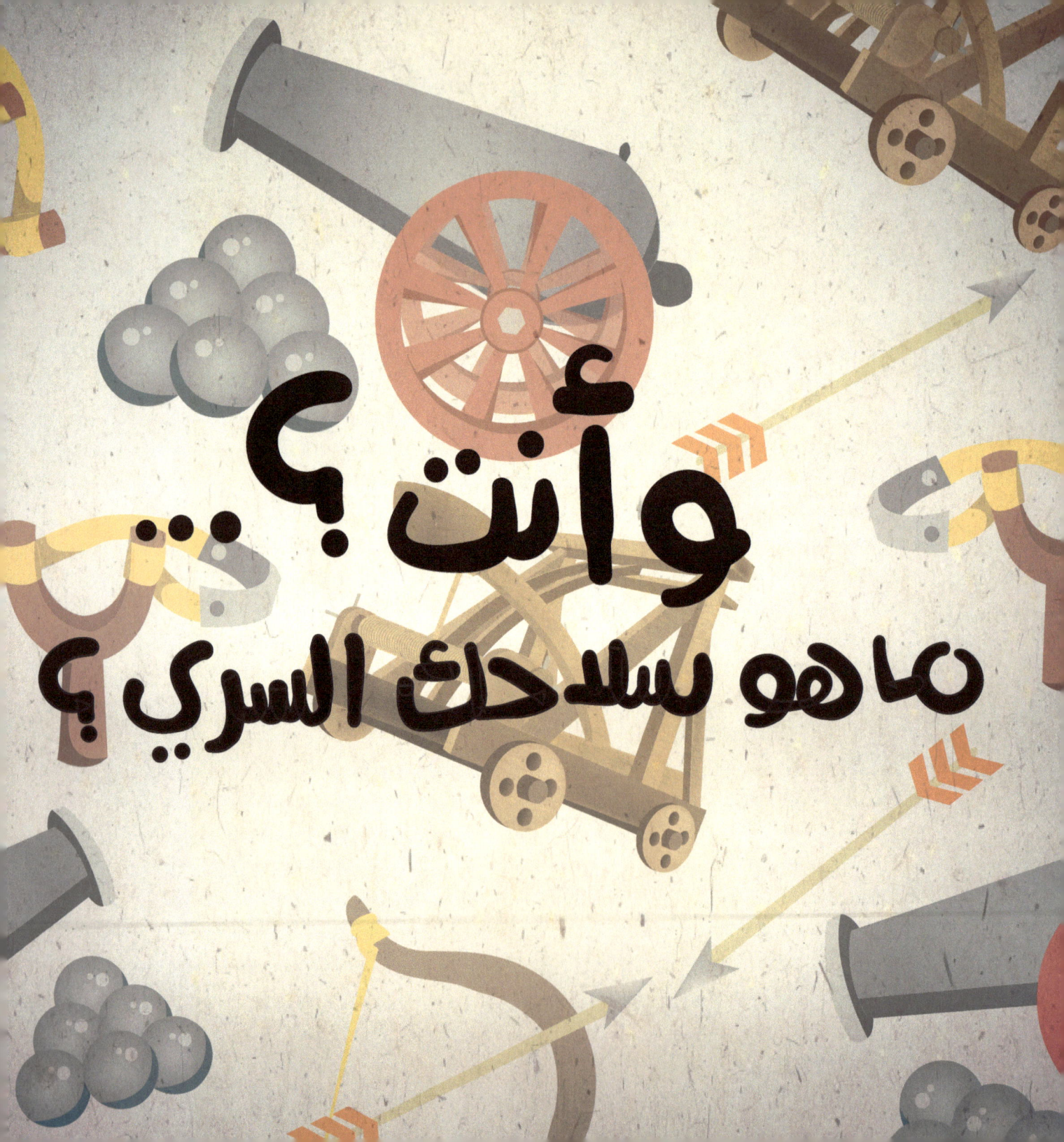

أبي   بابا

أمّي

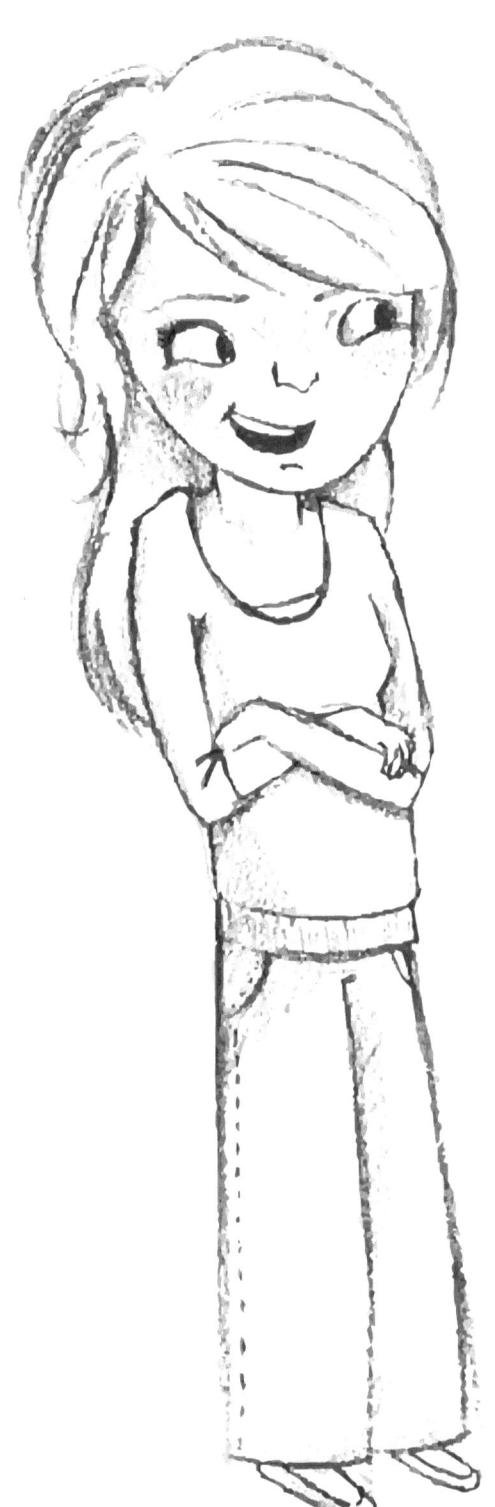

ماما

أخي صخر

أختي زينة

أسئلة للنقاش

ماذا تظنٍ كان شعور صخر حين رأى أمّه تولي إهتماماً لأخته الصغيرة؟

ماذا تظن كان شعور زينة حين ضربها صخر؟

ماذا تفعل حين تشعر بمشاعر صعبة؟